yo sé lo que como

EL AZÚCAR

Michel Francesconi   Nicolas Gouny
Traducción: Rubén E. Nájera

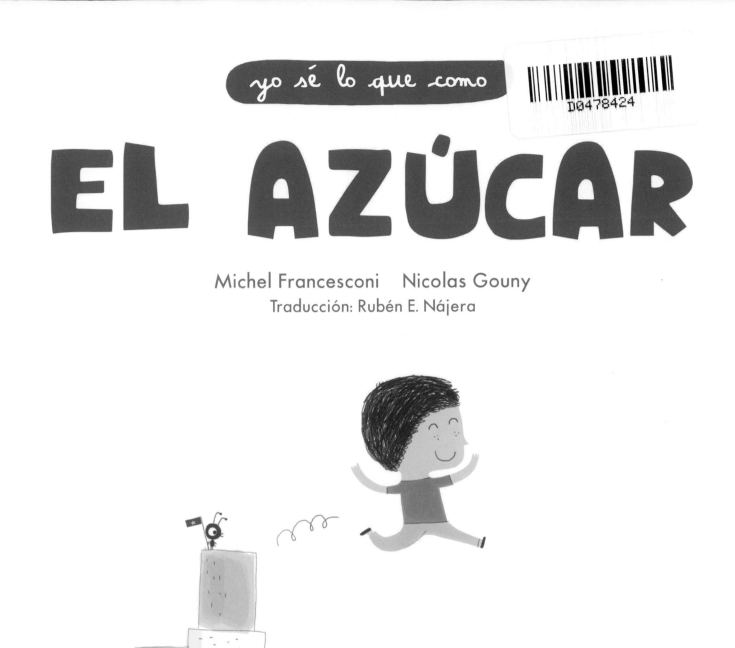

AMANUENSE®

En los países cálidos y húmedos,
crecen sembradíos de plantas de largos tallos.
Grandes y dulces cañas: la caña de azúcar.

En los países mucho más fríos,
crecen raíces carnosas: las remolachas azucareras.

De estas dos plantas proviene el azúcar.

La remolacha azucarera no es roja como la que nos sirven en ensalada. ¡Es blanca!

Esta dulce hortaliza es un cultivo relativamente nuevo... especialmente si se compara con la caña de azúcar, que se produce en los países tropicales desde hace cientos de años y es la materia prima del azúcar que se consume en el mundo entero.

Hubo un tiempo en que la recolección de la caña de azúcar esclavizó a muchas personas. Hombres, mujeres y niños capturados en África y en las comunidades indígenas de América, fueron obligados a trabajar duramente en las plantaciones.

Afortunadamente la esclavitud llegó a su fin y la producción de azúcar se convirtió en una actividad agrícola como cualquier otra.

Aun así, el cultivo de la caña de azúcar sigue siendo un trabajo muy duro.

Cuando las plantas han crecido lo necesario, llega el tiempo de zafra, que inicia con el corte de las cañas. Si el campo es suficientemente plano, se utiliza maquinaria agrícola. De lo contrario, mujeres y hombres cosechan las cañas a machetazos.

Uno a uno se cortan los tallos desde la base de la planta, que es donde se concentra más azúcar. Las puntas se cortan y desechan, pues no tienen utilidad.

Es un trabajo muy fatigante. Se realiza bajo el sol y con mucho calor. Además, es fácil lastimarse.

Los tallos llenan camiones tan, tan grandes, que algunos les llaman «cachalotes», como las ballenas. El transporte debe hacerse rápido, si no, las plantas perderán parte del azúcar.

¡Acelera, vamos al ingenio de azúcar! Allí se encuentran las máquinas que transformarán la caña en los granitos que endulzan nuestras comidas y bebidas.

Lo primero es descargar y pesar cada camionada que llega de los campos. Enseguida, las cañas avanzan sobre una banda transportadora hacia una poderosa trituradora.

¿Y cómo se procesan las remolachas azucareras?

Porque crecen pegadas a la tierra, después de cultivarlas hay que lavarlas. Luego se cortan en finas láminas y a partir de allí el tratamiento es muy parecido al de la caña de azúcar.

Provenga de la caña o de la remolacha, mientras está en la planta, el azúcar es un jugo que hay que extraer y transformar.

En ambos casos el método es casi idéntico, ¡y más largo y complicado que exprimir una naranja!

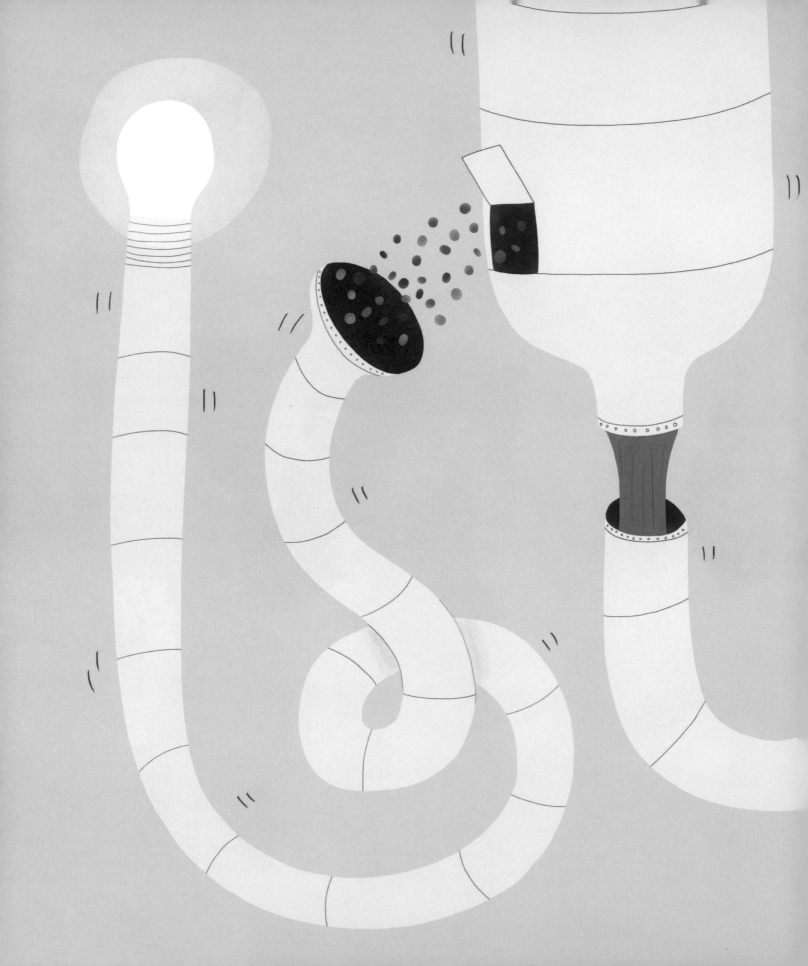

Cuando sacamos el jugo a una naranja, queda la cáscara.

Cuando exprimimos las cañas, quedan las fibras o «bagazo».

El bagazo no se desecha. Al contrario, se utiliza para muchas cosas: para la construcción, como alimento para el ganado, ¡incluso para producir energía eléctrica!

El jugo que resulta de exprimir la caña es muy turbio. Para limpiarlo, hay que calentarlo en un recipiente hasta que una especie de lodo se asienta en el fondo.

¡Este lodo tampoco se tira a la basura!, es un excelente fertilizante.

El jugo ahora está más claro pero es demasiado líquido.
Hay que volver a calentarlo hasta convertirlo en un jarabe
muy espeso.

En estas fábricas ¡hace mucho calor!
¡Y aún no hemos terminado de cocinar el jarabe!

Para iniciar la transformación del jarabe en granos, se agrega un poco de azúcar en polvo. A este proceso se le llama «cristalización».

En este punto tendremos cristales de azúcar mezclados con una pasta espesa llamada «melaza».

Una pasadita por la centrifugadora y el azúcar estará ahí, ¡formando dunas dulces y húmedas!

Después del tiempo de secado, si nuestro producto final es azúcar granulado, estaremos listos para empacar.

Si queremos fabricar terrones de azúcar, tendremos que usar moldes en forma de cubos.

Al final, con un kilo de caña o de remolacha, habremos obtenido, más o menos, 120 gramos de azúcar.

El azúcar que proviene de la caña es color miel,
se llama «azúcar morena» y es muy perfumada;
si deseamos que sea blanca, habrá que pasarla
por otras máquinas para refinarla.

Cuando proviene de la remolacha, el azúcar es
naturalmente blanca.

¡Claro que existe el azúcar roja de remolacha!
Se obtiene caramelizando el jarabe
antes de su cristalización.

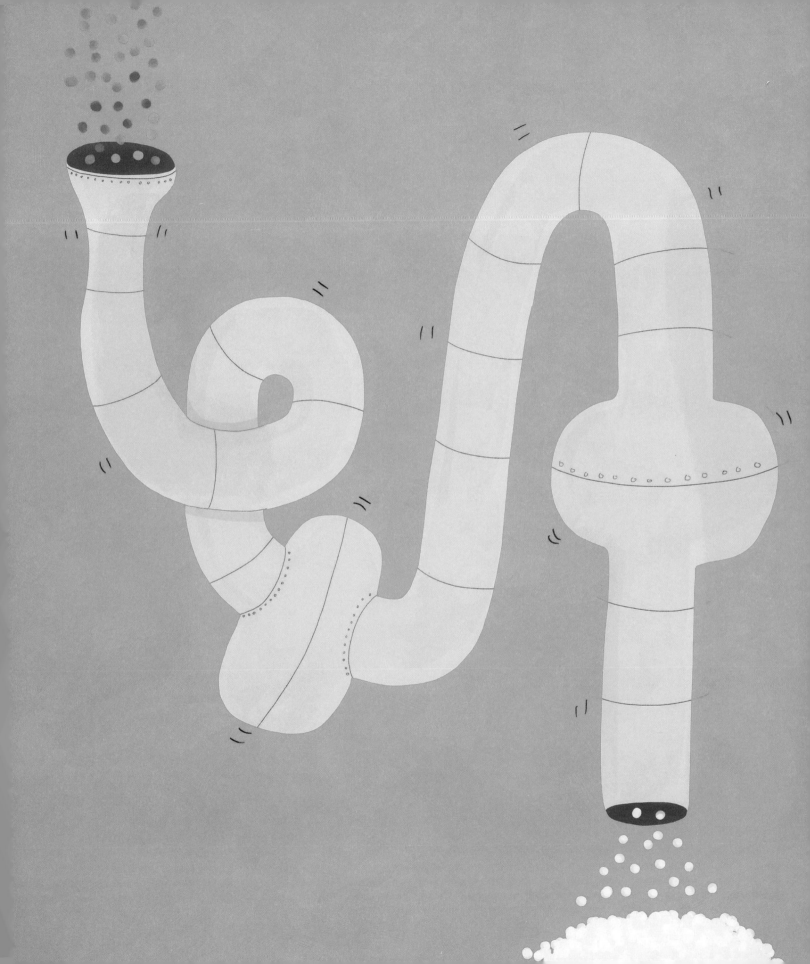

Pero ¿qué tal si volvemos unos pasos atrás y nos quedamos con la melaza?

Si no la pasamos por la centrifugadora y la dejamos secar, tendremos un azúcar muy nutritivo, con sabor a caramelo y regaliz; una delicia que en Latinoamérica se conoce como «rapadura» o «panela».

También a partir de la melaza se fabrica el «azúcar piedra» o «azúcar roca» que tanto gusta a los ingleses, pero para ello es necesario someterla a un largo período de cristalización.

Cada año, los terrícolas consumimos ¡80 millones de toneladas de azúcar! ¿Imaginas cuánta caña hay que sembrar?

A nuestro planeta, claro, le cuesta digerir esto. Con frecuencia, grandes campos de caña de azúcar remplazan a otros cultivos y devoran los bosques, con lo cual se causa sufrimiento a los animales silvestres y se afecta el equilibrio de la naturaleza.

¡Pero eso no es todo!

Las plantaciones de caña de azúcar demandan mucha humedad, agotan las reservas subterráneas de agua y necesitan riego abundante.

Tanta agua lava la tierra, el terreno se empobrece y se vuelve improductivo... Entonces se talan más bosques y sigue la depredación.

Como si fuera poco, los pesticidas y fertilizantes aplicados a los cultivos, contaminan y son malos para la salud.

¿Cómo pueden los productores de azúcar ayudar al planeta?

Regando los campos solo cuando sea realmente necesario, reciclando el agua usada en el procesamiento de la caña de azúcar y alternando el cultivo con el de otras plantas para evitar que los suelos se agoten.

¡Pero si seguimos consumiendo tanta azúcar, es posible que incluso estas acciones sean insuficientes!

La caña y la remolacha son los protagonistas de la superproducción de azúcar, pero otros actores también entran en escena:

El arce y su jarabe, las abejas y su miel, el agave, el cocotero, la palmera datilera, el sorgo y la calabaza azucarera.

¡Un elenco digno de un festival para nuestro goloso paladar!

El azúcar le proporciona al organismo la energía que usan nuestros músculos, cerebro y órganos.

Siempre decimos «azúcar» pero deberíamos decir «azúcares».

El azúcar cristalizado es la sacarosa. La fructosa, la lactosa, la glucosa... también son azúcares. Están en todas partes, incluso en la carne y en las legumbres.

Es bueno identificar los azúcares ocultos, sobre todo los agregados a los productos industriales, pues su consumo favorece el sobrepeso y la obesidad.

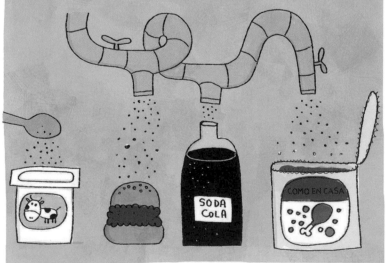

Todos los azúcares que comemos y que nuestro cuerpo no gasta como energía, se almacenan en forma de grasa.

SIN AZÚCAR

SIN AZÚCARES

«Sin azúcar», escrito en singular, significa que el producto no contiene sacarosa, pero puede contener otros azúcares.
«Sin azúcares», en plural, significa que el producto no contiene ni sacarosa, ni fructosa, ni glucosa, ni lactosa...

«Bajo en azúcares» indica que el producto tiene máximo 5 gramos de azúcar por cada 100 gramos en los alimentos sólidos, y 2,5 gramos por 100 mililitros en los líquidos.

La leyenda «sin azúcares añadidos» informa que al producto no se le agregó ningún tipo de azúcar ni otras sustancias endulzantes (miel o jarabe de arce, por ejemplo).

100% FRUTA
SIN AZÚCARES AÑADIDOS

Según la Organización Mundial de la Salud, un adulto debería consumir un máximo de seis cucharaditas de azúcar por día, los niños solamente cuatro.... ¡y una lata de soda tiene más del doble!

yo sé lo que como

Muchas cosas buenas se originan en la naturaleza
y terminan en nuestros platos.
¿De dónde vienen? ¿Por dónde pasan?
¿Cómo podemos disfrutar los mejores productos?
Descúbrelo con los libros de esta sabrosa colección:

El Azúcar, por Michel Francesconi
La Leche, por Françoise Laurent
El Pan, por Françoise Laurent
Los Huevos, por Philippe Simon
Todos ilustrados por Nicolas Gouny